Roy Publicae

Militär-Regierung

Roy Publicae

Militär-Regierung

Über-Nahme

Dictus Publishing

Imprint

Cover image: www.ingimage.com

Publisher:
Dictus Publishing
is a trademark of
International Book Market Service Ltd., member of OmniScriptum Publishing Group
17 Meldrum Street, Beau Bassin 71504, Mauritius
Printed at: see last page
ISBN: 978-613-7-35531-2

Inhaltsverzeichnis:

I. Militärregierungen:

OMG

AB 1.4.2020 MILITÄR-REGIERUNGEN

& ÜBERNAHME ALLER MEDIEN DURCH DAS MILITÄR –

10 TAGE DER AUFKLÄRUNG –

09.05.2020 JALTA-KONFERENZ –

KURZ DARAUF DÜRFTEN DIE KRÖNUNGEN

DER NEUEN KÖNIGE & KAISER STATTFINDEN[1]

---

1 Vgl. https://salomablog.wordpress.com/2020/03/29/omg%e2%80%bc-%f0%9f%92%a5ab-1-4-2020-militaer-regierungen-uebernahme-aller-medien-durch-das-militaer%e2%80%bc%f0%9f%92%a5-%f0%9f%91%8d%f0%9f%92%9710-tage-der-aufklaerung%e2%80%bc-2/

Ja, Ihr Lieben, nun wollen wir mal hoffen und beten, dass das auch wirklich stimmt so und so auch kommt…

Die Verbrechen der Demokratten kommen raus

10 Tage der Aufklärung

Bald beginnt eine neue Epoche: des Goldstandards, der Monarchie und dem Ende des Sozialismus von heute. Vorher muss noch das heutige, politische System verschwinden. Jetzt werden wir erfahren, was die Demokratten alles verbrochen haben.

Das heutige System wird gerade entfernt, 28.3.

In meinem vorigen Artikel „Der Corona-Lockdown" berichte ich, dass das Corona-Virus in Wirklichkeit harmlos ist, aber ein riesiger Hype darum gemacht wird. Das läuft gerade weltweit ab, wie dieser NTVArtikel zeigt: „"Gesamte Menschheit" bedroht! Über drei Milliarden sollen zu Hause bleiben": Ausgangssperren sind in vielen Ländern Teil der Strategie gegen die Ausbreitung des Coronavirus. Inzwischen inzwischen sind weltweit mehr als drei Milliarden Menschen aufgerufen, zu Hause zu bleiben.

Das läuft ab von den USA (meist linke Bundesstaaten), über Europa, Indien, bis Australien. Soetwas hat es noch nie gegeben. Es ist alles global koordiniert. Dabei werden die

jeweiligen Volkswirtschaften durch die Ausgangssperren zerstört. Kein Politiker, der wiedergewählt werden möchte, macht das freiwillig. Also wissen die Politiker zumindest in den Spitzenpositionen, dass dieses System bald enden wird. Natürlich werden sie brutalst erpresst. Mit welchen Mitteln weiss ich nicht.

Hier aus einer Leserzuschrift, die wir vor 2 Tagen brachten: Alle Urlauber sind zurückgeholt, war bisher der Regierung ziemlich egal, wo die gestrandet sind. Aussengrenzen für Personen abgeriegelt. Flugverkehr kontrolliert stillgelegt. Und viele weitere Maßnahmen, alles ist vorbereitet

Anm.: Jaaa, das stimmt, eine Laubenpieper-Bekannte meines Ex teilte dies über Whats App mit, dass sie von Mallorca abgeholt wurden und nach Hause mussten, obwohl der Urlaub noch nicht zu Ende war...und dort auch noch kein Mensch an

Corona erkrankt war...!!! Ende.

Ja, es ist alles vorbereitet für den grossen Shutdown des Systems. Hier eine weitere Leserzuschrift eines Insiders: Die Massenverhaftungen haben wirklich begonnen! Hunderttausende werden verhaftet werden. Es soll recht hart zur Sache gehen, da sich viele wehren. Die versifften Hochverräter werden gerade eingesammelt !!!!!

Dass diese Massenverhaftungen der heutigen Systemlinge begonnen haben, weiss ich auch aus anderen Quellen. In grösseren Staaten wird es jeweils hunderttausende

Verhaftungen geben. Derzeit läuft das noch heimlich ab. Das kann man nicht in einem Tag machen. Man erkennt es auch, dass prominente Figuren sich plötzlich in „Corona-Quarantäne" begeben. Das läuft seit einigen Tagen. So etwa Christine Lagarde oder die Obamas. Sie dürften verhaftet worden sein.

10 Tage der Aufklärung: Kommende Woche sollten wir die Geständnisse der derzeit Verhafteten im TV sehen können. Ab 1.4. sollen wir Militärregierungen bekommen. Das bekamen wir vor 2 Tagen von einem Insider:

Trumps Plan zufolge, wird es keinen echten Crash geben. Zum 01.04. erfolgt die Übernahme aller Medien durch das Militär. Ab diesem Datum gibt es 10 Tage lang rund um die Uhr umfassende Aufklärung über alle Straftaten der ehemaligen Regierungen und anderen bekannten / berühmten Menschen. Dabei übertragen die Militärsender täglich 8 Stunden lang Dokumentation in alle Haushalte über die begangenen Straftaten incl. den Geständnissen der bereits verhafteten Personen.

Die restl. 16 Stunden laufen Wiederholungen, damit es jeder anschauen kann. Den Menschen werden die unfassbaren Verbrechen aller Täter vor Augen geführt. Was dieses Pack sich hat alles zu Schulden kommen lassen, dürfte jedem Leser hier größtenteils bekannt sein. Das wird schon ausreichen, um die militärische Machtübernahme erklären zu können. Ab dem 11.04. werden die Ausgangssperren aufgehoben und die Militärregierungen beginnen offiziell ihre Arbeit. Die Verhaftungen sind bis dahin vollzogen und die Militärgerichte können mit ihrer Arbeit beginnen.

Das dürfte grossteils so stimmen, da ich es von mehreren Quellen habe. Es ist also unter den Insidern recht breit bekannt.

Einen echten Crash wird es aber schon geben, auf das komme ich noch.

Am 1.4. wird man uns auch die Machtübernahme durch das Militär verkünden, indem ein General im TV auftritt. Wer das für Deutschland sein könnte, weiss ich schon, werde es aber nicht publizieren.

Es ist mir schon längere Zeit klar, dass man solche Sachen erst dann in die Medien bringt, sobald diese „unter neuer Führung" sind. Diese Enthüllungen werden der Demokrattie den Rest geben. Derzeit ist es einfach nicht möglich. Auf einigen kleinen Spezialmedien war in letzten Jahren schon viel über diese Schweinereien zu lesen, aber die grossen Medien haben sich bisher geweigert, darüber zu berichten. Aber diese Sachen müssen in die Öffentlichkeit.

Dass in der heutigen Politik fast alles erpresst wird, ist den Insidern bekannt. Aber nicht der Masse. Bisher hat man die Systemlinge damit erpresst, damit sie spuren. Jetzt braucht man sie nicht mehr und die Öffentlichkeit soll es erfahren. Ja, das wird der heutigen Demokratie den Rest geben.

Nicht nur Kinderschändereien und Kinderfressereien werden herauskommen. Auch etwa, wie durch Chemtrails uns eine Erderwärmung vorgespielt wurde, womit die Ernteerträge massiv reduziert wurden.

Mehr Hintergrund-Info: Vom selben Zusender, der den Kommunikationsplan für die Militärregierungen geschickt hat, ist noch etwas nachgekommen. Ich kommentiere abschnittsweise.

Das Trump stellvertretend für die ihn anleitenden Hintergrundmächte als Führungsfigur fürs Volk auftritt sollte klar sein.

Dass Donald Trump eine wichtige Figur im Systemwechsel ist, ist bekannt.

Für ein Ende des heutigen Finanzsystems wird ebenfalls gesorgt, das gerade von ihm erlassene Hilfe-Paket über 2 Billionen Dollar dürfte seinen Teil dazu beitragen. Ein komplette Vernichtung der Wirtschaft für einen längeren Zeitraum kann den Meisten nicht im Interesse liegen. Hier wird es auf jeden Fall von Nation zu Nation Unterschiede geben, je nachdem wie weit die aktuelle Zerstörung vorangetrieben wurde.

Dass er das Corona-Problem mit Geld bewirft, machen auch andere Staaten. Es wird kaum etwas bei den Bürgern und Unternehmern ankommen. Mit dem jetzt jederzeit kommenden Crash werden die Wirtschaften ohnehin einige Monate am Boden liegen.

Gestern wurde die von ihm verkündete Absicht durch die Medien verbreitet, nämlich die Wirtschaft ab Ostersonntag (12.04) wieder zum Normalbetrieb zu bringen, was von den systemgesteuerten Altmedien natürlich größtenteils scharf verurteilt wurde. Hier eine halbwegs systempropagandafreie Meldung dazu:

https://www.blick.ch/news/ausland/nicht-nur-virus-auch-abgewuergte-wirtschaft-koennemenschen-toeten-trump-will-rueckkehr-zur-normalitaet-bis-ostern-id15812555.html

Am Ostersonntag könnten bereits die neuen Monarchien eingesetzt werden. Die Wirtschaft wieder in den Normalbetrieb zu bringen, macht nur danach Sinn. Denn die neuen Kaiser und Könige brauchen Legitimität und das schnell

Das kann nur durch eine möglichst schnelle Wiederherstellung der Normalität erfolgen. Die Verhaftungen laufen bereits seit einigen Tagen im Hintergrund, die Menschen sollen das momentan noch nicht erfahren, um die ohnehin schon vorhandene Virus-Panik nicht weiter zu verschärfen.

Anfang April wird auch noch für wenige Tage das Kriegsrecht ausgerufen (Martial Law) um die entscheidenden Operationen ausführen zu können.

Bis zur Aufhebung der Ausgangssperren am 11.04. werden zwar schon große Teile, aber noch nicht alle Zielpersonen verhaftet worden sein. Allerdings werden die dann noch zur Verhaftung ausstehenden Verbrecher keine Gefahr mehr darstellen, weil bis dahin ihre Handlanger und Untergebenen schon aus dem Verkehr gezogen oder unschädlich gemacht wurden. Die genaue Verfahrensweise mit allen Feinden der Menschlichkeit wird uns während der 10tägigen Aufklärungsphase mitgeteilt.

Die derzeitige Virus-Panik dient nur dazu, damit die Verhaftungen relativ leicht erfolgen können. Je nach Land sind diese „Ausgangssperren" unterschiedlich. In Österreich etwa kann man derzeit beliebig herumfahren, ohne von der Polizei kontrolliert zu werden. Das kann sich aber jederzeit ändern. Daher sind die Wissenden auch in Sicherheit. Echte Ausgangssperren und Abriegelungen der Städte können jederzeit kommen. Das Militär hat ohnehin schon übernommen, lässt die Sprechpuppen der Politik aber noch öffentlich auftreten.

Trump erwähnte ja auch schon, dass er ein Präsident zu Kriegszeiten sei und sprach von einem unsichtbaren Feind. Die Masse denkt, er würde sich auf das Corona-Virus beziehen, aber für alle Eingeweihten und den Mitdenkenden ist klar der Deepstate und alles was dazugehört damit gemeint.

Seine Unterstützung im Kampf gegen den Globalismus und für die Erschaffung souveräner Nationalstaaten ist mittlerweile groß genug. Putin, Xi, Johnson, Orban, Bolsonaro und noch weitere Staatsoberhäupter gehen dabei mit ihm konform.

Der wirkliche Feind sind die heutigen Systemlinge, die werden gerade einkassiert.

Auf der von Putin einberufenen Jalta-Konferenz am 09.05.20 wird dann wohl alles weitere geklärt.

Kurz darauf dürften die Krönungen der neuen Kaiser stattfinden

https://www.saarbruecker-zeitung.de/nachrichten/politik/ausland/75-jahre-nach-jalta-ruftrussland-zu-neuem-gipfel_aid-48735913

Es soll eine solche Konferenz in Moskau geben. Ich nehme an, an dieser Konferenz werden bereits die neuen Kaiser und Könige teilnehmen. Für die Krönungen ist es noch viel zu früh. Das sind RiesenSpektakel, zu denen man wieder frei reisen können muss. Ich erwarte die Krönungen im Herbst.

Anm. : Ich wusste es, die Krönungen sind dann der Höhepunkt (RiesenSpektakel) und es wird genauso berührend werden wie

in „Herr der Ringe – Die Rückkehr des Königs!"
Ende.

Den von Merkel in unser Land geholten Bereicherern soll zunächst die Möglichkeit zur freiwilligen Rückkehr in ihre Heimatländer gegeben werden. Nach Ablauf der Frist wird das Militär entsprechend dafür sorgen.

Die Systemlinge sollen zunächst durch Aufklärung wieder zu einer menschlichen Denkweise zurückfinden. Bei einigen ist natürlich schon jetzt absehbar, dass spezielle Methoden der Gehirnwäsche zum Einsatz kommen müssen.

Die Moslems und Asylanten werden kaum von selbst gehen oder gehen können. Nach dem Crash gibt es kaum funktionierende Verkehrswege. Die Arbeit im Straflager wird die Systemlinge läutern.

Die Interpretation von „Tagen der Dunkelheit“

Bis jetzt haben wir noch keinen Crash gesehen. Ich kann mir nicht vorstellen, dass der Crash erst mit der Einsetzung der Militärregierungen kommen soll. Dafür müssen noch die heutigen Demokratien verantwortlich sein. Den Crash kann man einfach durch deren Niederfahren der Wirtschaft wegen Corona erklären. Es könnten auch noch andere Events kommen. Wie etwa EMPs.

Nach bisherigen Informationen sollte es ab 29.3. einen grossen Blackout für 3 Tage geben. Am 1.4. soll der Strom wieder kommen, so dass wir über die Einsetzung von Militärregierungen informiert werden können.

Andere Quellen sagen inzwischen, dass vom 31. März bis 9. April alles abgeschaltet werden soll: Strom, Telefon, Internet.

Das glaube ich aber nicht, denn bei jedem Militärputsch werden zuerst die aktuellen Regierungen verhaftet und gleichzeitig die wichtigsten Radio- und TV-Sender übernommen. Die Stromversorgung bleibt aufrecht. Das ist, damit die Putschisten gleich ihre Botschaften aussenden können.

Nachdem wir den Crash bisher nicht gesehen haben, gehe ich inzwischen davon aus, dass der Strom gar nicht abgedreht werden wird. Ich erwarte den Crash jetzt für Montag den 30.3. Wir sollen garantiert dabei zusehen können. Das geht ohne Strom nicht.

Wahrscheinlich wird es nur einen Kommunikations-Blackout geben. Also werden Telefon und Internet abgedreht, oder eingeschränkt. Das ist dazu, damit sich die Gegner der Militärregierungen nicht organisieren können.

Im letzten Update meines vorigen Artikels steht, was wir unter den Militärregierungen alles zu erwarten haben. Wenn die grossen Aufdeckungen und Geständnisse im TV kommen, werden wir uns übergeben müssen. Was die heutige, politische Klasse alles verbrochen hat, ist unvorstellbar. Nur Wenige wissen es derzeit, aber alle sollen es erfahren.

Auf in die neue Zeit ohne solches Gesindel im neuen Kaiserreich

Prinz Georg Friedrich & Prinzessen Sophie

II. Militärübernahme:

Update 2 zum Text:

Ab 1.4.2020 Militär-Regierungen &

Übernahme aller Medien durch das Militär –

10 Tage der Aufklärung[2]

Nun ja, der Autor sagt noch nichts davon, dass etwas verschoben wurde... Schauen wir mal, wer bessere Informanten hat... ...Es bleibt auf alle Fälle aufregend & spannend...!

---

2 Vgl. https://k7848.wordpress.com/2020/03/30/%f0%9f%92%a5update-2%f0%9f%92%a5-zum-text-%f0%9f%92%a5ab-1-4-2020-militaer-regierungen-uebernahme-aller-medien-durch-das-militaer%e2%80%bc%f0%9f%92%a5-%f0%9f%91%8d%f0%9f%92%9710-tage-der-aufk/

Update 2 – Massnahmen im Ausnahmezustand, 30.3.

Ein Leser hat uns eine Liste von Massnahmen im Ausnahmezustand zugeschickt, die auf dieser Adresse zu finden ist:

https://www.drcoldwellreport.com/2020/03/29/zeitplan-fur-01-10-april-die-zehndunklne-tage/. Leider ist die Liste nur als Bild verfügbar.

Zeitplan für 01.-10. April (die zehn dunklen Tage)

- Ausrufung des militärischen Ausnahmezustandes
- Komplette Ausgangssperre für Personen und Tiere (außer Notdienste)
- Schließung aller Finanzinstitute
- Abschaltung der Bankomaten, Bankterminals, Paycards, NFC und des Onlinebankings
- Schließung aller Geschäfte und Apotheken außer Notdienste
- Absolutes Betretungsverbot und vollständige militärische Bewachung sämtlicher neuralgischer Orte und Infrastruktur-Objekte (Airports, Bahnhöfe, E-Werke, Gas-Werke, Wasserwerke, Waffendepots, Tunnel, Brücken, Schleusen, AKW's etc.,)
- Abschaltung des mobilen Telefon- und Datenverkehrs (außer Notdienste)
- Partielle Stilllegung des Internets
- Partieller Stromblackout ist möglich
- Rücktritt sämtlicher Landesregierungen und Parlamente
- Rücktritt der Bundesregierung/Auflösung des Bundestages
- Ratifizierung des Inkraftsetzens des weltweiten Goldstandards im GESARA- SYSTEM durch die Unterschrift von Trump
- Information der Weltbevölkerung über alle Verbrechen gegen den Humanismus durch die Kabale über TV, Radio, Internet und die SHAEF/SMAD-Presse

NESARA = National Economic Security and Recovery Act
https://en.wikipedia.org/wiki/NESARA

GESARA = Global Economic Security and Reformation Act
https://www.change.org/p/help-disclose-humanity-s-strawman-secret-accounts-with-a-lawsuit/u/25607484

Die Liste erscheint auf jeden Fall plausibel zu sein. Ob es genau so kommt, wissen wir nicht. Das Internet wird also nur partiell stillgelegt. Aber die Mobiltelefonie wird komplett stillgelegt. Ich nehme an, das wird weltweit gleichartig ablaufen. Ich rechne damit, dass auch Hartgeld.com abgeschaltet wird.

Insider meinten schon, das könnte für einen Aprilscherz gehalten werden. Also müssen diese Massnahmen klar und deutlich kommuniziert werden. Das geht nur über die elektronischen Medien, also muss die Stromversorgung aufrecht bleiben. Offenbar wird es auch eigene Zeitungen geben. Ich nehme an, dass es auch eigene Websites geben wird, über die man sich informieren kann.

Ich hätte erwartet, dass man uns den Finanzcrash am heutigen Tag zeigt. Das kann noch kommen. Das Finanzsystem ist schon vor einigen Tagen zusammengebrochen, man zeigt uns den Crash aber nicht. Es wäre gut möglich, dass wir erst von der Militärregierung darüber informiert werden.

Ob noch ein Blackout kommen wird, wird sich zeigen. Auch ein Moslem-Angriff auf uns ist nicht auszuschliessen. Falls er kommt, dann wahrscheinlich in der Nacht auf den 1. April. Am 1. April muss der Strom auf jeden Fall wieder da sein, damit man uns diese Massnahmen kommunizieren kann.

III. SHAEF:

WICHTIG

Update 3

zum Text:

Ab 1.4.2020 Militär-Regierungen &

Übernahme aller Medien durch das Militär

SHAEF –

10 Tage der Aufklärung[3]

[3] Vgl. https://k7848.wordpress.com/2020/03/31/wichtig%e2%80%bc-%f0%9f%92%a5update-3%f0%9f%92%a5-zum-text-%f0%9f%92%a5ab-1-4-2020-militaer-regierungen-uebernahme-aller-medien-durch-das-militaer%e2%80%bc-shaef%e2%80%bc%f0%9f%92%a5/

BITTE keine Angst aufbauen!

WIR haben es bald geschafft, ALLES wird gut!

Und befolgt bitte die eventuellen Anweisungen der Besatzer/SHAEF/Alliierten!!!

Ob es in jedem Kleckerdorf oder Provinz-Städtchen **so** kommen wird, wie hier beschrieben, möchte ich bezweifeln, doch sicher ist sicher!!

Und wie ich schon sagte:

Vorsicht ist die Mutter der Porzellan-Kiste!

Update 3 – Es kommt wohl doch ein Moslem-Überfall, 31.3.

Es kommen weitere Insider-Infos herein, daher wird ein weiteres Update dieses Artikels notwendig. Das Timing des Systemwechsels dürfte jetzt feststehen, da das global koordiniert ablaufen muss. Um einige Details macht man noch Geheimnisse.

Der ganze Corona-Hype ist derzeit im Zusammenbruch. In Italien drohen bereits Hungeraufstände. Bekannte Virologen, die in allen deutschen Medien herumgereicht wurden, ziehen sich zurück. Angeblich wegen Hassmails. Wohl, weil herauskommt, dass das Virus harmlos ist. Auch die Systempresse fragt bereits, warum diese Massnahmen wirklich notwendig sind und dabei die Wirtschaft zerstört wird....

Das kam vor einigen Tagen von einem Insider aus Deutschland: Die Verhaftungen oder Festsetzungen dürften bis Dienstag auf jeden Fall gelaufen sein. Da hat man die hohen Tiere alle aus dem Verkehr gezogen. Und die kleinen Mitläufer werden keinen Schaden anrichten, zumindest stellen die erst einmal keine große Gefahr dar.

Dafür dienen die Massnahmen gegen Corona wirklich. Um von diesen Verhaftungen abzulenken und die zu Verhaftenden leichter lokalisieren zu können. Dazu hat man auch den Flugverkehr runtergefahren und die Grenzen gesperrt. Aber warum muss das unbedingt bis zum heutigen Tag fertig sein? Weil man danach andere Aufgaben hat....

Es braucht härtere Ereignisse: Nachdem vor einigen Tagen einige Insider angedeutet haben, dass doch noch ein Moslem-Angriff auf uns kommt, hat ein Insider aus Deutschland gestern das geschickt. Ich kommentiere abschnittsweise:

Es muß aber aus mehreren Gründen große und überaus heftige Ereignisse für die Bevölkerung geben! Würde es z.B. keinen Moslemangriff geben, wie will man dann dieses Land je wieder von der Überflut der Migranten, mit der alle BRD-Regierungen die BRD bereits seit 1957 systematisch geflutet haben, wieder außer Landes bekommen? Ich schrieb bereits früher einmal, dass alle sog. Bundesregierungen nach einem 2000 veröffentlichten Spiegel Artikel zwischen den Jahren 1956 bis 1997 annähernd 30 Millionen Ausländer in die BRD infiltrierten. Die dürften alle mit einem BRD-„Personalausweis" ausgestattet sein.

Während man die seit 2015 von Merkel importierten Dschihadisten ohne großes Ereignis noch recht einfach außer Landes bekommen könnte, wird das bei den Personalausweisträger-Migranten, wovon mittlerweile auch bereits mehrere Generationen hier geboren sind, wesentlich schwieriger. Das sind dann natürlich allesamt auf einmal die besseren Deutschen als die Biodeutschen Kartoffeln. Die werden nie freiwillig gehen! Will man die nach dem Systemwechsel die nächsten 30 Jahre per Gerichtsverfahren raus klagen?

Anm.: Zu meiner Verteidigung muss ich jetzt anmerken, dass WIR zur letzteren Migranten-Gruppe eine andere Meinung vertreten!!!

ALLE Verbrecher / Dschihadisten müssen selbstverständlich gehen und all diejenigen, welche UNS ihre Religion, ihre Sitten und Gebräuche aufdrücken wollen und welche UNS und unsere Kultur nicht respektieren wollen und welche Deutschland verachten und zufaul zum arbeiten sind, für Diejenigen ist HIER kein Platz!!!

ALLE Anderen, welche sich hier eine Existenz aufgebaut haben und welche Deutschland und uns DEUTSCHE lieben wie ihr eigenes Vaterland bzw. wie ihre eigenen Lands-Leute, dürfen bleiben...!!!

DAS ist unsere Meinung, wie die Alliierten entscheiden, können wir nicht beeinflussen...! Ende.

Ganz richtig festgestellt. Diese Moslems, die schon Jahrzehnte bei uns sind und unsere Staatsbürgerschaft haben, bringt man nicht so einfach raus. Sie sind uns gegenüber weiterhin feindlich eingestellt, auch wenn sie unsere Staatsbürgerschaft haben. Diese zu bekommen ist etwa in Schweden oder UK leichter, als in Deutschland. Es geht nur per Krieg, um sie zu entfernen.

Es reicht auch keines Wegs aus, wenn man irgendwelche Geständnisse im Fernsehen und die Verbrechen der Eliten damit aufzeigt, die Menschen werden hiernach immer noch nach einer „Demokratie" schreien, da sie nichts anderes kennen! Es reicht auch nicht aus, wenn Trump einfach ein Gesetz unterschreibt und dann kommt der Goldstandard. Wer ist schon ein Trump? Da schaue man sich einfach einmal die Berichterstattung der Mainstream Medien der letzten Jahre an. Trump ist böse und Merkel ist gut. Merkel hat sogar nach irgendwelchen Umfragen wieder ganz sensationelle Zustimmungsergebnisse erreicht.

Nein, bevor sich hier ein neues System mit Kaiser und Goldstandard durchsetzen kann, braucht es wesentlich mehr als ein 10 Tage geändertes Fernsehprogramm!

Es kommt auch noch der Crash und der Hunger. Nachdem man uns bisher den Crash nicht gezeigt hat, kommt er wohl mit dem Moslem-Überfall auf uns. Die 10 Tage der Aufklärung über TV werden die Demokratie sicher massiv diskreditieren, aber besser sind kriegerische Ereignisse

Den Menschen muß vor Augen geführt werden, dass die Demokratie nur ein genialer Betrug an ihnen war, dass alle sog. Bundesregierungen nur zu ihrem Schaden agiert haben. Insbesondere das Ausmaß der von Merkel bewusst angerichteten Zerstörungen zur Existenzvernichtung der Deutschen muß jedem vor Augen geführt werden. Und auch einen triftiger Grund, weshalb die EU so überflüssig wie ein Kropf ist, muß her!

Da muß dem Michel außer wie gewohnt vor der Glotze zu sitzen, schon wesentlich mehr geboten werden, sonst erwacht der aus seiner Gehirnwäsche niemals!

Nicht nur dem Michel muss mehr geboten werden, das gilt für ganz Westeuropa, das voll mit Moslems ist. Erwartet jetzt den jederzeitigen Einsturz des Tempelbergs, danach werden genügend Moslems angreifen. Ob mit oder ohne Blackout ist egal.

Von der selben Quelle ist noch etwas nachgekommen:

Als ich diese Zeilen schrieb, war ich sehr in Eile und daher ist manche Formulierung vielleicht zu flüchtig getroffen. So wie es sich jetzt doch in den letzten Artikel-Updates heraus stellt,

entwickelt sich der ganze Systemwechsel eher zu einer Seifenoper. Man braucht nur noch wie immer vor der Glotze sitzen und dann scheint nach 10 Tagen die Sonne wieder….

Die Sonne wird nach 10 Tagen nicht scheinen, da das ganze Finanzsystem ruiniert ist. Aber man braucht einen Sündenbock dafür. Der ideale Sündenbock ist der Islam, der uns angreift....

Der Deutsche Michel braucht nach Jahren der systematischen Gehirnwäsche ein derart einprägendes Schockerlebnis, dass er nie wieder auf die Idee kommt, wir wollen es bunt, weltbesoffen und wir retten die Welt und die eigenen Obdachlosen können ruhig unter Brücken dahin vegetieren. Weshalb haben die Amis wohl massenhaft gepanzerte Fahrzeuge ins Land geholt und ebenso viele Soldaten? Die Briten hatten bereits vor Jahren über 6000 Panzerfahrzeuge in die BRD verbracht. Weshalb nur? Wenn man die Schutzsuchenden Dschihadisten – wie viele zehntausende Kampf erfahrene ISIS-Anhänger werden wohl darunter sein – nach etwas Überredungskunst einfach nur wieder außer Landes verbringen wollte, bräuchten wir viele Busse und nicht gepanzerte Fahrzeuge....

Der letzte Teil dieser gepanzerten Fahrzeuge aus den USA wurde in den vergangenen Wochen in mehreren Häfen Westeuropas entladen. Ein Grossteil ist schon lange hier. Angeblich für die Übung Defender 2020. Diese hat sich inzwischen in SHAEF verwandelt, also in das oberste, operationelle Zentrum einer kämpfenden Truppe.

Wir brauchen einschneidende Ereignisse wo jeder sofort versteht, entweder ich oder die muslimischen Schutzsuchenden! Zudem müssen sich EU und insbesondere die eigene Politik in ihrem menschenverachtenden Handeln jetzt gegenüber den eigenen Völkern völlig offenbaren, sonst bekommen wir die nie weg, bzw. die Idee wird weiter leben und wieder neu wie ein Krebsgeschwulst wachsen!

Es war immer schon geplant, dass der Islam uns aus dem Nichts zu erobern versuchen wird. Das wird wohl kommende Nacht passieren. Danach haben wir die volle Legitimität, militärisch einzugreifen und auch den Ausnahmezustand auszurufen.

Zur Liste der Massnahmen im Update 2: Vom Insider, der das mit den 10 Tagen der Aufklärung für diesen Artikel geschickt hat, ist noch etwas nachgekommen, das ich hier bringe und abschnittsweise kommentiere:

Dieser Zeitplan stimmt größtenteils mit den mir vorliegenden Informationen überein. Nicht alle Supermärkte werden schließen. Es soll eine Mindestanzahl an Läden als Notversorgungsmöglichkeit für die Menschen, mit ggf. kürzeren Öffnungszeiten und Warenlieferung durch das Militär, weiterhin zur Verfügung gestellt werden.

Den Zeitplan wird man nicht mehr ändern können, da alles global ablaufen soll. Es wird also eine Notversorgung durch das Militär über die derzeitigen Supermärkte als Ausgabestellen geben. Es bleibt abzuwarten, in wie weit die gestern veröffentlichte Meldung über Trumps Ankündigung zur Verlängerung der Maßnahmen bis zum 30.April, Auswirkungen auf den geplanten zeitlichen Gesamtablauf haben wird.

Zuletzt deutete Trump sogar kurz an, dass man mit der Bekämpfung des Virus (Codewort für Deepstate), unerwartet schnell voran kommt. Anscheinend wurde mit größerer Gegenwehr gerechnet. Dies dürfte also nicht der Grund dafür sein, falls es sich wirklich noch um ein paar Tage verzögern sollte.

Der Grossteil der Systemlinge des Deep State dürfte also schon einkassiert worden sein, ohne dass wir davon erfahren. Ich erfahre davon auch nur über die Insider. Das Volk weiss nichts davon.

Wahrscheinlicher ist da schon eher eine Verzögerung wegen der im Zeitplan erwähnten Inkraftsetzung des weltweiten Goldstandards im GESARA-System. Wie ich hörte kann die Ratifizierung erst dann erfolgen, wenn für jede Nation weltweit die Voraussetzungen geschaffen wurden. Momentan soll es da in dem ein oder anderen Land noch entsprechende Vorbereitungen geben, wodurch eine kurze Verzögerung entstehen könnte. Ob es sich tatsächlich auf den gesamten Zeitplan auswirkt wird sich jetzt sehr bald zeigen.

GESARA dürfte ein Codewort sein. Ich nehme an, der Goldstandard wird erst eingeführt, so bald sich die neuen Monarchien gebildet haben. Ein grosser Teil der Münzen dürfte schon geprägt worden sein. Gestern hat Putin eine strenge Ausgangssperre verhängt, also ist der russische Deepstate als nächstes an der Reihe.

Das bedeutet auch, dass wir bei uns nun täglich mit der Ankündigung einer strengen, deutschlandweiten Ausgangssperre rechnen müssen. Sobald dies geschehen ist, kann mit der umgehenden Ausrufung und Durchführung des militärischen Ausnahmezustands sowie der im Zeitplan dargestellten Maßnahmen gerechnet werden.

Nicht nur der Deep State in Russland ist dran. Russland hat ein massives Islam-Problem. Es gibt dort nicht nur islamische Minderheiten, auch jede Menge von islamischen Wanderarbeitern aus früheren Sowjetrepubliken. Ich nehme an, die werden zum Teil auch angreifen. Danach kann man sie alle entfernen.

Zu den Massnahmen bei uns, siehe die Massnahmenliste in Update 2. Die Offenlegung der Flugscheiben wird auch erfolgen, zuletzt gab es eine Ankündigung für den Juni. Wobei das aber genauso gut etwas früher oder später erfolgen kann.

Und zwar dann, wenn Trump die Menschen darüber aufklärt, dass er eigentlich kein Politiker ist, sondern von führenden Militärgenerälen darum gebeten wurde als Präsident zu kandidieren, mit dem Ziel der Auslöschung des weltweiten, satanistischen Deepstates zum Wohle der Menschheit.

Als Folge wird sich die „Dritte Macht“ (oder 3M8, nach Eve von Christ Michael) zu erkennen geben und es werden uns sensationelle neue Technologien zur Verfügung stehen. Wir werden auch erfahren, dass sie uns durch die Vereitelung diverser diabolischer Angriffe, mit dem Ziel der Ausrottung eines großen Teiles der Menschheit, gerettet und beschützt hat. Nicht zuletzt vor der Installation der NWO durch den Deepstate.

Ob wir die Flugscheiben wirklich noch sehen werden, bezweifle ich inzwischen. Es ist bekannt, dass Trump vom Militär eingesetzt wurde. Neue Technologien sollen kommen, das weiss ich aus den Biefings.

Aber ein Schritt nach dem anderen, der Sieg der göttlichen Lichtkräfte steht bereits fest (siehe Trumps Übernahme der Kontrolle über die FED), es kann maximal noch kurze Verzögerungen geben. Je weniger Angst und Panik unter den Menschen herrscht, um so weniger Energie können die Diener Satans daraus beziehen, sprich um so schneller kann der endgültige Systemwechsel zur natürlichen Ordnung abgeschlossen werden.

Die „natürliche Ordnung" ist wohl die Einsetzung neuer Monarchien. In der Regel sollen die bisherigen Dynastien wieder eingesetzt werden. In Russland die Romanovs, in Deutschland die Hohenzollern, usw. Es kann keine Verzögerungen mehr geben, weil das alles weltweit synchron ablaufen muss.

Guten Morgen, deutsches Kaiserreich!

Hier die Zusendung eines weiteren Insiders aus Deutschland zu diesem Artikel:

„Merkel zum dritten Mal negativ getestet": Das teilte ein Regierungssprecher am Montag in Berlin mit. Er ergänzte: „Die deutsche Bundeskanzlerin wird auch in den nächsten Tagen die Dienstgeschäfte aus ihrer häuslichen Quarantäne wahrnehmen."

Wenn sie nicht infiziert ist, warum versteckt man sie dann weiter? Hier der Insider:

Guten Morgen, deutsches Kaiserreich! Merkill ist definitiv verhaftet! Der dritte negative Test ist ein Codewort dafür!

Die Bundeswehr wurde massiv verstärkt, um sensible Infrastruktur, wie Wasserwerke, Stromverteilungswerke und Atomkraftwerke zu schützen. Der Blackout war real und wird dadurch verhindert. In meinem Fluchtburgenland wurde die deutschlandweit modernste Luftraumüberwachung installiert. Abgesperrt wird das Gebiet durch Corona. Freiheit jetzt!!!

Das kommt aus dem südlichen Brandenburg. Die Wissenden sind alle in ihren Fluchtburgen. Es wird empfohlen, diese nicht mehr zu verlassen. Sowohl in Österreich wie in Deutschland werden gerade Reservisten eingezogen. Aber die angegebenen Zahlen sind viel zu niedrig. Ich möchte darauf hinweisen, dass die deutsche Bundeswehr im Bedarfsfall über eine Million Soldaten ausrüsten könnte.

Zu Ostern könnten wir bereits im Kaiserreich sein!

Prinz Georg Friedrich & Prinzessen Sophie

Zuletzt wird es Zeit, dass wir uns verabschieden. Sollte wirklich am 1. April der Ausnahmezustand ausgerufen werden, was ich erwarte, werden praktisch alle Medien stillgelegt. Ich nehme an, das wird auch uns betreffen. Ob wir nach dem Ende des Ausnahmezustands wieder kommen, wird sich zeigen.

Anm.: Diesen Worten möchten wir uns anschließen, denn ob WIR nach dem Ende des Ausnahmezustandes wieder kommen, wird sich auch erst dann zeigen…! Ende.

IV. Militärregierung:

Erklärung der aktuellen Rechts- Situation...Militärregierung S.H.A.E.F....[4]

Erklärung der aktuellen Rechts- Situation:

Seite 1

Zum klaren Verständnis der Rechtslage: seit dem 13.03.2020 ist Deutschland wieder militärisch voll besetzt, die sogenannte BRiDRegierung wurde mit Datum vom 03.04.2020 abgesetzt. Am 01.04.2020 wurde durch den US- Botschafter Grenell das Kriegsrecht verkündet. Aufgrund der ohnehin schon vorhandenen Corona- Panik und anderen sehr wichtigen Umständen, wurde das nur noch nicht der Öffentlichkeit bekannt gegeben. Voraussichtlich haben die US- Streitkräfte der Militärregierung S.H.A.E.F. ihre Soll-Stärke bis zum 10.04.2020 erreicht um mit den Massen-Verhaftungen zu beginnen. Und es werden im wahrsten Sinne des Wortes Massenverhaftungen sein! Unsere Schein- Richter(innen) und Staatsanwälte (innen) sollten aufgrund ihres JuraStudiums eigentlich wissen, dass ihre fehlende Unterschrift auf allen von ihnen

[4] Vgl. https://deutschelobbyinfo.com/2020/05/09/erklaerung-der-aktuellen-rechts-situation-militaerregierung-s-h-a-e-f-am-01-04-2020-wurde-durch-den-us-botschafter-grenell-das-kriegsrecht-verkuendet/

veranlassten kriminellen Schreiben überhaupt keine Bedeutung hat, - keine Unterschrift = keine Haftung ist völlig unsinnig. Selbst wenn sie alles nach 126 BGB unterschrieben hätten, wäre das ihr kleinstes Problem. Ihr eigentliches Problem kennen sie natürlich selbst, ich zeige hier aber gerne noch einmal auf, dass mir und mittlerweile Millionen Deutschen die wahren Probleme ebenfalls bestens bekannt sind. Bis zum 17.07.1990 waren die sogenannten Gerichte noch kriminelle Niederlassungen der kriminell errichteten Firma Bundesrepublik Deutschland. Nichts, rein gar nichts hatte irgendeine Rechtsgültigkeit, nicht einmal geltendes Recht war möglich. Deshalb wurde mit den Bundes- Bereinigungsgesetzen in den Jahren 2006, 2007 und 2010 auch die gesamte Rechtslage der BRiD bis rückwirkend 1956 aufgehoben und für null und nichtig erklärt. Gemäß Art. 133 GG ist die BRD als private Verwaltung in die Rechte und Pflichten der Verwaltungsgebiete (nicht Bundesländer) eingetreten. Es hat niemals irgendwelche hoheitlichen Rechte und Befugnisse gegeben. Dazu kam dann das Urteil der Firma Bundes-Verfassungsgericht vom 25.07.2012, damit wurde der privaten Firma Bundesrepublik Deutschland dann ebenfalls bis rückwirkend 1956 jegliche Legitimation für Regierungstätigkeiten und Gesetzgebung völlig entzogen. Mit dem 03.10.1990 wurde die private Verwaltungseinheit Bundesrepublik Deutschland aufgelöst. Tatsächlich aber fand die Auflösung bereits am 17.07.1990 durch Streichung des Art. 23 GG – Geltungsbereich schon statt. Israel (B´nai B´rith) und der Vatikan gründeten dann aber sofort in Washington DC ein neues privates Unternehmen mit der Bezeichnung – Bundesrepublik in Deutschland. – Die korrupten Politiker des tiefen Staates (Faschismus) haben natürlich gern mitgespielt. Völlig nahtlos hat dann das neue private Unternehmen mit fast gleicher Bezeichnung - Bundesrepublik in Deutschland – das kriminelle Spiel weiter geführt. Aus Sicherheitsgründen und auch aus Haftungsgründen hat die neu gegründete BRiD sich dann auf das beschlagnahmte US- Territorium – Berlin – zurückgezogen. Juristisch „regierte“ die BRiD vom Ausland aus! Ab dem 18.07.1990 haben dann alle aufgelösten Niederlassungen der ehemaligen BRD ihre kriminellen Amtsniederlassungen in private Firmen Konstrukte als Aktiengesellschaften umgewandelt. Registriert und angemeldet in den USA, im Bundesstaat Delaware als Briefkastenfirma. Gehlken, Ronald Staatsangehörigkeit Königreich Preußen

---

Seite 1 / 6

Erklärung der aktuellen Rechts- Situation:

Seite 2

Erst seit 1993 durch Änderung der Postleitzahlen von 4 auf 5 stellig haben diese mittlerweile fast 47.000 US- Briefkasten- AGs, die sich hier als Behörden, Ämter, Städte und Gemeinden ausgeben zumindest eine Postanschrift auf deutschem Boden. Die Gebäude die von all diesen US- Firmen als Ämter und Behörden betrieben werden, befinden sich völlig illegal auf deutschem Boden, über mehr als eine Postanschrift (Postfach) verfügen diese nicht. Das Amtsgericht BUXTEHUDE hat mit dem Amtsgericht STADE oder dem Amtsgericht ZEVEN rein gar nichts zu tun, es handelt sich hier um 3 völlig verschiedene, voneinander unabhängige Aktiengesellschaften mit unterschiedlichen Eigentümern. Das ist wie Mc Donalds und Burger King, beide verkaufen das gleiche Produkt haben aber völlig fremde Eigentümer. Und so sieht es bei allen Gerichten, Behörden, POLIZEI, Städten, Gemeinden usw. aus. Jedes dieser rd. 47.000 Unternehmen ist eine selbstständige, private US- Aktiengesellschaft, die lediglich über eine Postanschrift auf deutschem Boden verfügt. Im Grunde genommen ist dies auch völlig logisch, seit 1914 – Ausrufung des Notstandes (Kriegsrecht) ist der Staat – Deutsches Reich von 1871 – mit allem was dazugehört eingefroren. Bis zur Aufhebung des Notstandes bleibt nach gültigem Völkerrecht alles im Stand von 1914. Es kann kein neuer Staat draufgesetzt werden, niemand kann hoheitliche Rechte oder Befugnisse verleihen, Änderungen der Gesetze und Personenstandsrechte sind unmöglich. Deshalb spielen die Fälschungen von Merkel 2010 und die von Schröder überhaupt keine Rolle. Hier geht es nicht einmal um Vertragsrecht, um UCC / Admirality Law, nicht einmal das dürfen sie auf deutschem Boden zur Anwendung bringen. Dabei spielt es nicht einmal eine Rolle, dass ihnen mit den gesamten Gesetzesgrundlagen unter anderem auch das BGB und die StPO völlig entzogen wurden, ohne diese ist das Privatrecht nicht einmal möglich. Die privaten Firmem, die Arbeitgeber dieser Schein- Beamten z. B. die Firma – AMTSGERICHT BUXTEHUDE - existiert gerade Mal durch eine Postanschrift, ein Postfach auf deutschem Boden. Die illegale Betreibung einer Firma z. B. Amtsgericht Buxtehude entspricht der Betreibung einer illegalen, kriminellen Organisation. Die einzige Verbindung zwischen der kriminellen Organisation Amtsgericht Buxtehude und der im „Ausland“ (Berlin) ansässigen, kriminellen Firma Bundesrepublik in Deutschland AG besteht darin, dass die BRiD mit 52% der Haupt- Aktionär der Firma Amtsgericht Buxtehude ist. Dies habe ich aber bereits in diversen Artikeln detailliert beschrieben und aufgeschlüsselt. Die Gerichte z. B. verurteilen tote Sachen = jur. PERSONEN – und fordern dann von dem Menschen, dass er die Haftung für diese vom „GERICHT“ geschaffene, tote Sache übernimmt. Alles basiert auf Betrug, auf deutschem Boden sind diese Betrügereien sogar schwerste Kriegsverbrechen begangen von deutschen, bezahlten Kollaborateuren ohne Vertrags oder Rechtsgrundlage. Niemand von diesen Richtern oder Staatsanwälten (innen) kann irgendeine Legitimation nachweisen, jur. handelt es sich nach Kriegsrecht um marodierende Horden. Und tatsächlich stehen wir seit 1914 bis zum heutigen Tag unter Kriegsrecht. Gehlken, Ronald Staatsangehörigkeit Königreich Preußen

---

Seite 2 / 6

Erklärung der aktuellen Rechts- Situation:

Seite 3

Zusätzlich zum Kriegsrecht des deutschen Reiches haben die US-Streitkräfte am 01.04.2020 ebenfalls das Kriegsrecht ausgerufen zu ihrer Besatzung seit dem 13.03.2020. Nur so nebenbei bemerkt, auf deutschem Boden gibt es seit 1848 Pauls Kirchen- Verfassung bzw. seit der Kaiserlichen Verfassung von 1871 keine jur. PERSONEN mehr. Die Verfassungen haben aufgrund der Notstandsgesetze von 1914 bis zum heutigen Tag volle Gültigkeit. Mit der Romanus Pontifex vom 21.06.2011 wurde die jur. PERSON vom Vatikan aufgelöst. Der Vatikan selbst wurde am 25.12.2012 durch den OPPT- Act aufgelöst. Nur noch als Unternehmen – Großhandel für Elektrogeräte – existent. Die Welt ist schon verrückt. Den Juristen sollte eigentlich klar sein, hier geht es nicht um Unterschriften unter irgendwelchen Urteilen, Steuerforderungen oder sonst Irgendetwas. Alle Mitarbeiter dieser fast 47.000 Unternehmen haben bis zum heutigen Tag die Funktion als Besatzer des Deutschen Reiches gegen Bezahlung ausgeübt. Geraubt, geplündert, Terrorisiert usw. für den Vatikan und Israel, die Eigentümer der BRiD. Fehlende Unterschriften sind da lächerlich, hier geht es jetzt um Plünderungen in einem besetzten Kriegsgebiet unter Kriegsrecht, Hochverrat, Kollaboration, Beihilfe zum Genozid des deutschen Volkes. Es handelt sich um plündernde Privat- Personen, denen nicht einmal das Privatrecht / Handelsrecht erlaubt ist. Wie sagte Seehofer am 16 Dez. 2018 öffentlich im Fernsehen? Es gilt zurzeit keine Ordnung

— es gilt kein Vertrag — es gilt kein Gesetz — „ich hätte mir nie vorstellen können, dass ich mich während meiner politischen Laufbahn als Ministerpräsident von Bayern rechtfertigen muss, wenn ich beabsichtige den Rechtsstaat wieder vom Kopf auf die Füße zu stellen....“ Sie mussten es öffentlich verkünden und wie kann es bei Seehofer anders sein, nur mit verlogenem Geplapper von einem „Staat“, „Rechtsstaat“, was es hier seit 1918 nicht mehr gegeben hat. Die kommenden Massenverhaftungen haben den Hintergrund, das Reich wieder handlungsfähig zu stellen. Die Deutschen Mitarbeiter (Besatzer gegen Bezahlung) sind im ersten Zug nicht davon betroffen, die werden sich später vor einem Reichs-Kriegsgericht verantworten müssen. Die Bundesrepublik Deutschland und auch die Bundesrepublik in Deutschland hatten noch niemals irgendetwas mit den Deutschen Völkern zu tun. Bundes- Verfassungsgericht: Die Bundesrepublik Deutschland hat kein Recht für Deutschland zu handeln. US – Außenminister Mike Pompeo Die Bundesrepublik Deutschland hat kein Recht für Deutschland zu handeln. EuGHfMR und IGH am 08.06.2006 Die Bundesrepublik Deutschland ist als Staat nicht existent. Die Bundesrepublik Deutschland verfügt über kein Staatsgebiet. Die Bundesrepublik Deutschland verfügt über kein Staatsvolk. Gehlken, Ronald Staatsangehörigkeit Königreich Preußen

---

Seite 3 / 6

Erklärung der aktuellen Rechts- Situation:

Seite 4

S.H.A.E.F. Gesetze: Die Zustände haben es bis zum heutigen Tag nicht zugelassen!!! Von irgendwelchen Bundesgesetzen ist hier keine Rede, nur von Bundesrecht = Verwaltungsrecht. Und auch da durften nur jur. PERSONEN verwaltet werden. Deshalb auch der Betrug mit dem PERSONAL- Ausweis, Das Staats und das Völkerrecht durfte und darf die BRD / BRiD – Verwaltung noch niemals anwenden da es sich lediglich um ein privates Unternehmen handelte, dass über keinerlei hoheitliche Rechte und Befugnisse verfügte. Dass Völkerrecht darf ohnehin nur von einem Staat zur Anwendung gebracht werden, deshalb findet das Völkerrecht auch weltweit keine Anwendung weil alle Völker dieser Welt von ihren Regierungen um ihre Rechte betrogen wurden. Gehlken, Ronald Staatsangehörigkeit Königreich Preußen

---

____________________ Alle Länder dieser Welt wurden ab 1942 durch Hochverrat der Politiker zu privaten, korrupten und kriminellen Handelsunternehmen umfunktioniert, es gibt keine Staaten mehr. Seite 4 / 6 Erklärung der aktuellen Rechts- Situation: Seite 5 Da steht es klar und deutlich, Aufhebung der Nationalsozialistischen Gesetze seit dem 30.01.1933 Gesetz Nr. 2. Und was machen diese Schein- Richter und Staatsanwälte, sie verhängen Beuge / Erzwingungshaft. Schwere Verstöße gegen die S.H.A.E.F. – Gesetzgebung, gegen Kontrollratsgesetze, gegen das Völkerrecht, gegen die Genfer Konventionen. Gehlken, Ronald Staatsangehörigkeit Königreich Preußen

---

Seite 5 / 6

Erklärung der aktuellen Rechts- Situation:

Seite 6

Dieses Grundgesetz wurde am 17.07.1990 durch Streichung des Art. 23 – Geltungsbereich – aufgehoben und gelöscht. Die private, exterritoriale Firma Bundesrepublik in Deutschland mit Israelischen und Vatikanischen Eigentümern hat dieses GG dann zu ihrer Verfassung erklärt. Das ist aber nebensächlich, es geht niemanden etwas an, wenn ein rein privates Unternehmen, das weder über ein Staatsgebiet noch über ein Staatsvolk verfügt, als Staat auch nicht existent ist, sich eine Verfassung gibt. Und wenn dann dieser Konzern (BRiD) an fast 47.000 anderen privaten Konzernen mit einem Aktienanteil von jeweils 52 % beteiligt ist, kann keine strafbare Handlung erkannt werden. Wenn dann diese fast 47.000 privaten Unternehmen mit ihren vielen privaten Mitarbeitern (Kollaborateuren) dann in einem Kriegsbesetzten Gebiet, das unter Kriegsrecht steht, rauben und plündern weil sie glauben bzw. dem Volk glauben machen, diese private BRiD wäre der Staat und sie wären hoheitsberechtigte Beamte, die dazu befugt wären, dann sind Unmengen an strafbaren Handlungen, an Kriegsverbrechen zu sehen. Niemand kann einen Amtsausweis vorlegen, niemand kann eine staatliche Bestallungsurkunde vorlegen, niemand kann nachweisen für welchen Staat er tätig ist, niemand unterschreibt seine Straftaten. Und dann behaupten, man habe das alles nicht gewusst!??? Unglaubwürdiger geht es schon nicht mehr. Ohne Friedensverträge ist ein souveränes Staatswesen nicht möglich, diese Friedensverträge sollen im Mai geschlossen werden. Und dann werden die Kriegsverbrechen aufgearbeitet.

V. Defender:

#009 Defender 2020/SHAEF,

Corona & Adrenochrom

BITTE schnell runterladen,

YouTube löscht Videos zu Corona...[5]

Ich teile diesen Beitrag jetzt schon mit Euch, bevor ich es zu Ende angeschaut habe, damit so Viele wie möglich das sehen können...es kann nämlich sein, dass das Video bald gelöscht ist...

#009 Defender 2020/SHAEF, Corona & Adrenochrom

[5] Vgl. https://k7848.wordpress.com/2020/03/20/%f0%9f%92%a5%f0%9f%92%a5009-defender-2020-shaef-corona-adrenochrom%f0%9f%92%a5%f0%9f%92%a5bitte-schnell-runterladen-youtube-loescht-videos-zu-corona-%e2%80%bc%e2%80%bc%e2%80%bc%f0%9f%98%a1/

#009 Defender 2020/SHAEF, Corona & Adrenochrom

*

Die Echtzeit Analyse 20.03.2020 Wir stecken in mitten turbulenter Zeiten. Wir sind an einem Punkt angekommen, wo die Masse vor dem erwachen steht. Immer mehr spüren, das[s] etwas passiert, aber was? In meinem letzten Video habe ich es mit den vergangenen Q Posts versucht zu erklären, was jetzt in der nächsten Zeit vorausgesagt wurde und wie man merkt, kommen wir den Ereignissen immer näher.

*

Einige von euch haben es mit der Ungeduld zu tun und wollen am liebsten, das Frau Merkel und Konsorten in Handschellen von der Pressekonferenz im Fernsehen abgeführt werden, aber da muss ich euch enttäuschen. Es wird heimlich im Hintergrund ablaufen und ich habe das Gefühl, sie ist schon längst verschwunden. Die ganzen Pressekonferenzen werden schon im Vorfeld aufgezeichnet. Auch die gestrige Fernsehansprache wurde aufgezeichnet und Stunden vorher in Teilen in den Nachrichten gezeigt. Auffällig war, das sie in letzter Zeit nur noch 2 Outfits trägt (blau und lila / selbe Kette).

*

Sie wirkt auf mich auch sehr nervös und aufgekratzt. Die Ansprache war schlecht einstudiert und wiedergegeben, der Inhalt nichtssagend und sie redete nur Müll. Einfach nur eine totale Katastrophe! Fürchterliche Körpersprache, leere Augen und keine ehrlichen Worte. Nicht jeder kann die Zeichen sehen und deuten, aber wir versuchen das mal in diesem Video sichtbar zu machen. Es ist sehr wichtig auf „die Zeichen“ zu achten, da sie viel verraten. Der Virus hat die ganze Welt im Griff und kommt zu einer Zeit bei uns an, wo auch Defender aktiv werden wollte, doch die große Übung wurde wegen des Corona Virus vorerst eingefroren. Was es damit auf sich hat, möchte ich euch jetzt erklären.

*

Zum Corona Virus kommen wir am Schluss dieses Videos nochmal. Ich habe dazu einen interessanten Artikel gefunden, mit einer interessanten These, was man mit dem Virus bezwecken will. Aber jetzt kommen wir zum ersten Thema....Defender und SHAEF....was hat das mit einander zu tun? Seit dem Beginn des Zweiten Weltkriegs gibt es auf der Welt kaum noch souveräne Staaten, weder in Europa oder Asien, noch in Südamerika oder auf dem afrikanischen Kontinent. Sie unterstehen weiterhin alle der SHAEF-Kriegsgesetzgebung, weil die meisten Länder ab 1945 die SHAEF-Gesetze akzeptiert und sich diesen somit untergeordnet haben.

*

Das ist mit ein Grund, warum die USA heute selbst ohne UN-Mandat – und somit rechtlich ‚legal’ – überall in der Welt militärisch einmarschieren können. Was wir daher unbedingt brauchen, ist ein Friedensvertrag mit allen Ländern dieser Erde. Wie Sie bisher sicherlich feststellen konnten, geht es hierbei schon lange nicht mehr um Frieden in Deutschland allein. Es geht um den Weltfrieden!

*'

Und die Deutschen spielen eine fundamentale Rolle dabei! THE STORM IS HERE -Ausgangssperre -Einkaufen eingeschränkt -Sorgt vor, Vorräte für 2-3 Wochen -Von ca. 01.04. bis 10.04. Internet eingeschränkt oder auch komplett offline. Nach der Abschaltung werdet ihr durch das neue Programm über alles aufgeklärt. -Kein Fernsehen, keine Zeitungen -Strom wird vorhanden sein. Schaut DVD,s, spielt Playstation oder macht Babies -Keine Panik, ruhig bleiben und zu Hause die Zeit aussitzen -Nur zu den vorgegebenen Zeiten vor die Tür gehen -Freut euch auf die Zeit danach, es lohnt sich! -Wir wünschen allen einen guten Übergang in die neue Zeit, bleibt gesund und bleibt stark!

*

CORONA – ADRENOCHROM Artikel von Connectivevents.com https://connectiv.events/corona-und-d... Video Link Martin Schelleis https://www.youtube.com/watch?v=byGoY... Video Link Harald Lesch spricht ab 10:58 min. von Besatzung! https://www.youtube.com/watch?v=ZID35... Link

Artikel Connectivevents: Corona & Adrenochrom https://connectiv.events/corona-und-d... Wir bedanken uns bei allen patriotischen Zuhörern und den support! Liken, teilen, kommentieren. Liebe Grüße Anons Q-Faktor Germany

VI. Kommentare:

*

H wam w D vor 6 Stunden (bearbeitet) •

Schön, dass Du Texte von Daniel Prinz vorgetragen hast, schade nur, dass Du seine Bücher nicht erwähnt hast, dann hätten Leute eine super Lektüre für die „Zeit der Dunkelheit“.

*

P

P B vor 7 Stunden •

Bezüglich ihrem angesprochenen Outfit, ich meine, es ist nun endlich an der Zeit, dass Merkel und ihre Gesinnungsgenossen den typisch orangefarbenen Anzug in Gitmo tragen müssen.

*

Uwe vor 6 Stunden (bearbeitet) •

Das hast Du top analysiert und gerade der Punkt mit der DDR. Man merkt sehr deutlich, dass diese Kreatur am Ende ist! WWG1 WGA P.S. IM ERIKA hatte damals in Wuhan eine Verjüngungskur gemacht und in letzter Zeit sah ES sehr schlecht aus! Wahrscheinlich ist sie jetzt auf Türkey.....

*

H

Heiko vor 6 Stunden •

Sehr interessant. So geht es ja auch nicht weiter.

*

Thorsten vor 6 Stunden (bearbeitet) •

Und wieder einmal kommen die Amerikaner um Europa zu befreien. Dankeschön Trump! Und danke dir für diesen [B]ericht.

*

M

Marlies vor 4 Stunden •

Die Ausführungen über Adenochrom sind für mich so widerwärtig und unerträglich. Wer macht so etwas? Kaum vorstellbar! Die Erde ist so pervertiert! Ich muss mich abwenden. Nur noch Liebe, Freiheit, Frieden.

*

B

Blume Blume vor 3 Stunden •

Ich danke dir für deine unermüdliche Aufklärung

Sei[d] Alle gesegnet mit Liebe und Frieden

*

G

Greta vor 3 Stunden (bearbeitet) •

Alles sehr interessant. Vielen Dank. Etwas möchte Ich dazu sagen: Macht kleine Babys, das ist richtig und sehr schön. Aber.... es fehlt die Lösung wie die Eltern, beide berufstätig, die Betreuung und Erziehung und die Liebe für ihre Kinder, bewältigen können. Putin hatte da Mal eine schöne Ansprache gehalten wo er die Familie sehr hervor hob. Und das muß auch hier wieder kommen, wenn es ein Paradies werden soll.

*

Engel222 A vor 5 Stunden •

Schaut euch Bitte diesen Film an Contagion an, der hat so viel Ähnlichkeiten mit Corona .

*

F

Fanny L. vor 7 Stunden •

Vielen lieben Dank!

*

debe 3000 vor 3 Stunden (bearbeitet) •

Ich habe nicht die Zeit dafür weil ich Handwerker bin. Und normal arbeiten muss, und noch glaube ich nicht wirklich dran.

*

Bianca vor 1 Stunde •

Ich höre deine Stimme aber hab einen schwarzen Bildschirm. Kann also ab der Hälfte nichts mehr sehen. Danke für die Info und alles Gute

*

herrhans34 vor 3 Stunden •

Ich bin mal gespannt, was mit den ganzen „Neuen Mitbürgern“ geschieht, falls diese Vorhersagen wirklich eintreten.

*

M

Marlies vor 4 Stunden •

Auf die verlogenen Medien kann ich gut verzichten. Die verursachten bei mir eh Übelkeit. Ich habe noch sehr viel zu lesen. Hauptsache die Menschen mit Babys und Kindern kommen gut über diese Zeit!

*

n

nyma113 vor 3 Stunden •

Ganz toll erklärt, super, vielen vielen Dank aus Berlin!

*

ARES vor 1 Stunde •

Der Film heißt Patton -Rebel in Uniform 1970

*

E

Edelgard vor 2 Stunden •

Mit den Outfits das habe ich schon seid Tagen festgestellt ! und die ganzen P.K. sehr eigenartig ,man sieht richtig das das alles Aufzeichnungen sind.Mir sind im Moment auch zu viele Politiker in Quarantäne ?

MIX
Papier aus verantwortungsvollen Quellen
Paper from responsible sources
FSC® C105338

Printed by Books on Demand GmbH, Norderstedt / Germany